Sorting My Life

TO DO

| FOR ME | FOR WORK |

| FOR FUN | FOR OTHERS |

| IF THERE IS TIME |

Sorting My Life

TO DO

FOR ME

FOR WORK

FOR FUN

FOR OTHERS

IF THERE IS TIME

Sorting My Life

TO DO

FOR ME

FOR WORK

FOR FUN

FOR OTHERS

IF THERE IS TIME

Sorting My Life

TO DO

FOR ME

FOR WORK

FOR FUN

FOR OTHERS

IF THERE IS TIME

TO DO

FOR ME

FOR WORK

FOR FUN

FOR OTHERS

IF THERE IS TIME

TO DO

Sorting My Life

TO DO

Sorting My Life

TO DO

Sorting My Life

TO DO

FOR ME

FOR WORK

FOR FUN

FOR OTHERS

IF THERE IS TIME

Sorting My Life

TO DO

FOR ME

FOR WORK

FOR FUN

FOR OTHERS

IF THERE IS TIME

TO DO

FOR ME

FOR WORK

FOR FUN

FOR OTHERS

IF THERE IS TIME

Sorting My Life

TO DO

FOR ME

FOR WORK

FOR FUN

FOR OTHERS

IF THERE IS TIME

Sorting My Life

TO DO

Sorting My Life

TO DO

FOR ME

FOR WORK

FOR FUN

FOR OTHERS

IF THERE IS TIME

Sorting My Life

TO DO

FOR ME

FOR WORK

FOR FUN

FOR OTHERS

IF THERE IS TIME

TO DO

FOR ME	FOR WORK

FOR FUN	FOR OTHERS

IF THERE IS TIME

TO DO

FOR ME

FOR WORK

FOR FUN

FOR OTHERS

IF THERE IS TIME

Sorting My Life

TO DO

FOR ME	FOR WORK

FOR FUN	FOR OTHERS

IF THERE IS TIME

Sorting My Life

TO DO

FOR ME	FOR WORK

FOR FUN	FOR OTHERS

IF THERE IS TIME

Sorting My Life

TO DO

FOR ME

FOR WORK

FOR FUN

FOR OTHERS

IF THERE IS TIME

Sorting My Life

TO DO

<table>
<tr><td>FOR ME</td><td>FOR WORK</td></tr>
<tr><td>FOR FUN</td><td>FOR OTHERS</td></tr>
</table>

IF THERE IS TIME

Sorting My Life

TO DO

FOR ME

FOR WORK

FOR FUN

FOR OTHERS

IF THERE IS TIME

Sorting My Life

TO DO

FOR ME

FOR WORK

FOR FUN

FOR OTHERS

IF THERE IS TIME

Sorting My Life

TO DO

Sorting My Life

TO DO

FOR ME

FOR WORK

FOR FUN

FOR OTHERS

IF THERE IS TIME

Sorting My Life

TO DO

FOR ME

FOR WORK

FOR FUN

FOR OTHERS

IF THERE IS TIME

Sorting My Life

TO DO

FOR ME

FOR WORK

FOR FUN

FOR OTHERS

IF THERE IS TIME

Sorting My Life

TO DO

FOR ME

FOR WORK

FOR FUN

FOR OTHERS

IF THERE IS TIME

TO DO

FOR ME

FOR WORK

FOR FUN

FOR OTHERS

IF THERE IS TIME

Sorting My Life

TO DO

FOR ME

FOR WORK

FOR FUN

FOR OTHERS

IF THERE IS TIME

TO DO

FOR ME

FOR WORK

FOR FUN

FOR OTHERS

IF THERE IS TIME

Sorting My Life

TO DO

FOR ME

FOR WORK

FOR FUN

FOR OTHERS

IF THERE IS TIME

Sorting My Life

TO DO

FOR ME

FOR WORK

FOR FUN

FOR OTHERS

IF THERE IS TIME

Sorting My Life

TO DO

FOR ME

FOR WORK

FOR FUN

FOR OTHERS

IF THERE IS TIME

Sorting My Life

TO DO

FOR ME

FOR WORK

FOR FUN

FOR OTHERS

IF THERE IS TIME

Sorting My Life

TO DO

Sorting My Life

TO DO

TO DO

FOR ME

FOR WORK

FOR FUN

FOR OTHERS

IF THERE IS TIME

Sorting My Life

TO DO

FOR ME

FOR WORK

FOR FUN

FOR OTHERS

IF THERE IS TIME

Sorting My Life

TO DO

TO DO

FOR ME

FOR WORK

FOR FUN

FOR OTHERS

IF THERE IS TIME

Sorting My Life

TO DO

FOR ME

FOR WORK

FOR FUN

FOR OTHERS

IF THERE IS TIME

TO DO

FOR ME

FOR WORK

FOR FUN

FOR OTHERS

IF THERE IS TIME

Sorting My Life

TO DO

FOR ME

FOR WORK

FOR FUN

FOR OTHERS

IF THERE IS TIME

TO DO

FOR ME

FOR WORK

FOR FUN

FOR OTHERS

IF THERE IS TIME

Sorting My Life

TO DO

FOR ME

FOR WORK

FOR FUN

FOR OTHERS

IF THERE IS TIME

Sorting My Life

TO DO

FOR ME

FOR WORK

FOR FUN

FOR OTHERS

IF THERE IS TIME

TO DO

FOR ME	FOR WORK

FOR FUN	FOR OTHERS

IF THERE IS TIME

Sorting My Life

TO DO

FOR ME

FOR WORK

FOR FUN

FOR OTHERS

IF THERE IS TIME

www.ingramcontent.com/pod-product-compliance
Lightning Source LLC
Chambersburg PA
CBHW051421250726
48655CB00003B/1165